UN CUENTO Y A DORMIR

Papel certificado por el Forest Stewardship Council®

Título original: *Peppa the Mermaid*
Primera edición: septiembre de 2021

Publicado en lengua española por Penguin Random House Grupo Editorial, S.A.U.
Travessera de Gràcia, 47-49. 08021 Barcelona

Printed in Spain – Impreso en España

ISBN: 978-84-488-5838-4
Depósito legal: B-8.975-2021

Realización editorial: MYR Servicios Editoriales S.L.

Impreso en ÍNDICE, S.L.

BE 5 8 3 8 4

Este libro pertenece a

¡Vamos a dormir!

Mira lo que hace Peppa cada noche antes de acostarse. ¿Y tú? ¿Qué haces antes de ir a la cama?

Tomo un baño calentito. ¡Mmmm! ¡Qué bien huele el jabón! Me pongo el pijama y ¡a cenar!

Durante la cena, les cuento a papá y a mamá lo que he hecho durante el día.

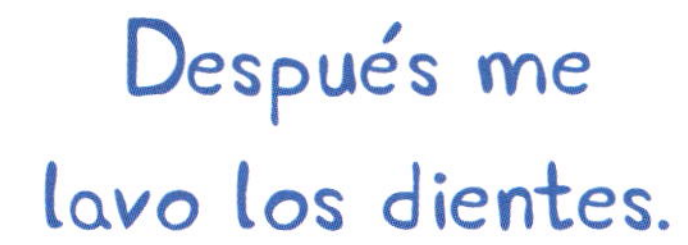

Después me lavo los dientes.

Me gusta leer un cuento o que me lo lean. ¿Quieres que lo leamos juntos?

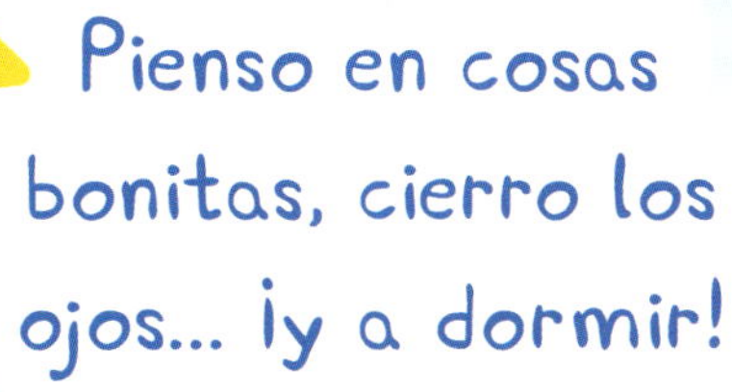

Pienso en cosas bonitas, cierro los ojos... ¡y a dormir!

Peppa la sirena

Una tarde, Peppa y Rebecca Rabbit estaban jugando a las sirenas.

—Las sirenas son fantásticas, ¿verdad, Rebecca? —dijo Peppa.

—¡Me encantaría tener una cola brillante y nadar bajo el agua todo el día! —respondió Rebecca entusiasmada.

Peppa fingió nadar alrededor de la habitación.

—¡Peppa! —llamó Papá Pig—. Es la hora de comer.

Durante la comida, Peppa no paraba de hablar sobre sirenas.
—¿Sabes que solo comen sándwiches con forma de estrella de mar? —dijo—. Además, pueden nadar y bailar al mismo tiempo.

—Hagamos una fiesta bajo el mar —propuso Rebecca Rabbit.
—¡Sí! —aplaudió Peppa—. ¡Me vestiré como una sirena!
—Buena idea —dijo Mamá Pig—. Podemos hacerla este domingo.

Peppa y Rebecca Rabbit prepararon invitaciones para la fiesta bajo el mar.

—Qué bonitas son —dijo Papá Pig.

—Brillan como las colas de las sirenas —explicó Peppa.

Al día siguiente, Peppa entregó las invitaciones a sus amigos.

—Mañana haré una fiesta de sirenas bajo el mar —dijo en la escuela—. Habrá una playa y una discoteca. Merendaremos sándwiches con forma de estrella de mar.

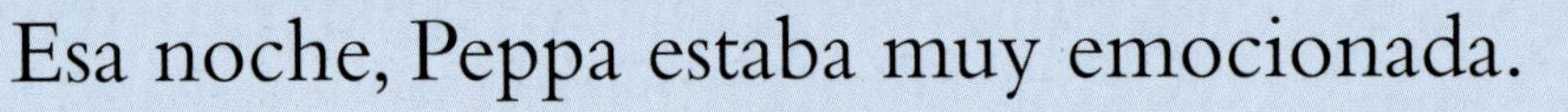

Esa noche, Peppa estaba muy emocionada.

—Les he dicho que habrá una playa en mi fiesta de mañana.

—La fiesta no es mañana, es el domingo —dijo Mamá Pig.

—Pero les he dicho a todos que la fiesta es *mañana* —dijo Peppa preocupada.

Entonces, sacó una invitación de debajo de su almohada…

Mamá Pig leyó la tarjeta y exclamó:

—Oh, no. ¡Hemos olvidado poner la fecha en las invitaciones!

—Tendremos que hacer lo que podamos para mañana —dijo Papá Pig con una sonrisa.

—No te preocupes, Peppa —dijo Mamá Pig—. Ya se nos ocurrirá algo. Ahora duérmete.

¡Tap!
¡Tap!
¡Tap!

Mamá Pig y Papá Pig corrieron escaleras abajo para investigar en el ordenador.

—A ver qué encontramos —dijo Papá Pig mientras tecleaba en el ordenador.

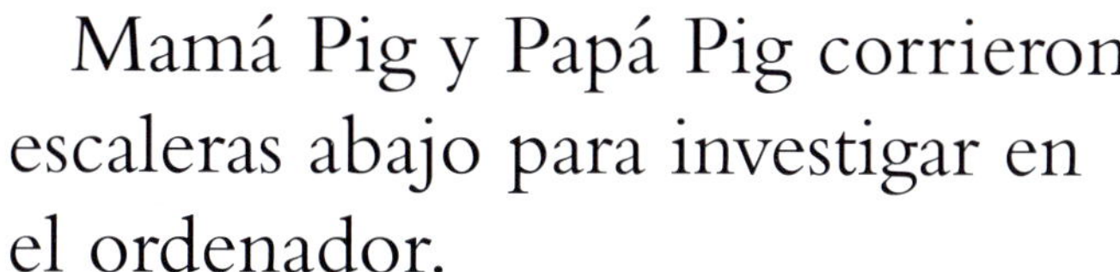

En la pantalla aparecieron muchas ideas sobre cómo organizar una fiesta bajo el mar.

—¡Son geniales! ¡Seguro que quedarán muy bien, Papá Pig! —dijo Mamá Pig—. Pero ¿cómo vamos a organizarlo todo para mañana?

Papá Pig se lo pensó un rato.

—Hummm. No estoy muy seguro —dijo bostezando—. Estoy un poco cansado. Quizá deberíamos buscar ayuda.

—Sí —asintió Mamá Pig—. ¿Para qué sirve ese gran botón rojo?

—Señorita Rabbit, organizadora de fiestas exprés y extraordinaria animadora —leyó Papá Pig.

—Perfecto —dijo y presionó el botón rojo…

En ese momento, alguien llamó a la puerta.

—Señorita Rabbit, organizadora de fiestas exprés y extraordinaria animadora —dijo la Señorita Rabbit—. ¿Necesitáis una fiesta bajo el mar?

—Sí –contestó Papá Pig—. ¡Y la necesitamos para mañana!

—No hay problema —dijo tranquilamente la Señorita Rabbit—. Dejadlo en mis manos. ¡Podéis ir a descansar!

Al día siguiente por la mañana, Peppa y su familia se despertaron y bajaron las escaleras.

—¡Ooohhh! —exclamaron cuando llegaron al salón.

Estaban asombrados. ¡Su casa se había transformado en un paraíso submarino!

—Mira, George, ¡hay una playa! —exclamó Peppa—. ¡Y también hay olas!

—¡Guau! —dijo Papá Pig—. El salón parece la Gran Barrera de Coral de Australia.

Peppa encontró unos disfraces marinos en el perchero.

—¡Oh! —gritó de alegría—. ¡Este disfraz de sirena tiene la cola más brillante que he visto nunca!

Mamá Pig y Papá Pig fueron a la cocina y miraron en la nevera. Estaba llena de deliciosa comida.

—¡La Señorita Rabbit es **increíble!** —dijo Papá Pig.

—Realmente lo es —coincidió Mamá Pig.

Esa tarde llegaron los amigos de Peppa y George. Todos estaban disfrazados de criaturas marinas.

—¡Hola! —dijo Peppa *nadando* para saludarlos—. Soy Peppa la sirena y este es George el cangrejo. ¡Bienvenidos a nuestra fiesta bajo el mar!

—¡Ooohhh! —suspiraron todos.

La Señorita Rabbit los reunió y todos *nadaron* hasta el salón.

—Hola, criaturas del mar —saludó—. ¡Es hora de vuestra aventura submarina!

—¡Hurra! —aplaudieron Peppa y sus amigos.

Primero, la Señorita Rabbit les pidió que hundieran sus pies en la arena.

—¡Hace cosquillas! —exclamó Peppa.

A continuación, la Señorita Rabbit repartió caracolas marinas.

—Acercad las caracolas a vuestros oídos y decidme qué oís.

—¡El mar! —gritaron todos.

Después, la Señorita Rabbit les dio unos peces de juguete.
—¿A qué huele? —quiso saber ella.
Se acercaron los peces a la nariz y...
—¡Puaj! —gritaron los niños—. ¡Huele a pescado!
—Claro, ¿a qué va a oler si no? —dijo la Señorita Rabbit.

—Ahora, criaturas del mar —dijo la Señorita Rabbit—, ¿estáis listas para bucear hasta el fondo del mar?

—¡Sí! —gritaron los niños.

La Señorita Rabbit les ofreció una deliciosa merienda.

Después la magnífica animadora les enseñó a «bainadar».

—¡Es nadar y bailar al mismo tiempo! ¡Seguidme! —exclamó y comenzó a agitar los brazos al son de la música mientras cantaba—. *¡A nadar! ¡A nadar! ¡Peces y sirenas bajo el mar!*

—¡Ser una sirena es **increíble**, papá! —exclamó Peppa–. ¿Podemos hacer otra fiesta bajo el mar la próxima semana?

—¿No te **marearás**, Peppa? —bromeó Papá Pig mientras «bainadaba» en el salón.

AHORA TE TOCA A TI

¿Te ha gustado la historia? Estas preguntas te ayudarán a entenderla mejor.

Peppa invita a sus amigos a una fiesta bajo el mar. **¿Cómo se siente?**

¿Qué hace Papá Pig cuando **está cansado** de buscar en el ordenador?

Cierra los ojos e imagínate que tienes los pies en la arena. **¿Qué notas?**

Ahora piensa en el sonido de las olas del mar e **intenta imitarlo.**

Dormir bien, ser más feliz

Si dormimos bien, al día siguiente nos levantaremos más contentos y llenos de energía. Toma nota de algunos consejos. ¡Y felices sueños!

Pantallas fuera

- Antes de ir a dormir es aconsejable no jugar con pantallas.
- Prueba a hacer un puzle, leer un cuento o colorear.
- Deja los aparatos eléctricos lejos de la cama.

Respira hondo

★ Cierra los ojos e imagina que estás inflando un globo.

★ Coge aire y déjalo ir muy despacio.

★ Repítelo todo varias veces.

Música relajante

★ Escuchar música tranquila ayuda a relajarnos y a pensar en cosas agradables.

Calma tu cuerpo y mente

★ Siéntate en el suelo con las piernas cruzadas, la espalda recta y las manos sobre las rodillas.

★ Cierra los ojos y respira lentamente.

Peppa y George dan las buenas noches...

¡y a dormir!